大方廣佛華嚴經 寫經

62

🏵 일러두기

1. 『사경본 한글역 대방광불화엄경』은 『독송본 한문·한글역 대방광불화엄경』에 수록된 한글역을 사경하는 데 편의를 도모하기 위해 편집을 달리하여 간행한 것이다.

2. 『독송본 한문·한글역 대방광불화엄경』은 실차난타가 한역(695~699)한 80권 『대방광불화엄경』의 한문 원문과 한글역을 함께 수록한 것이다. 한문 저본은 고종 2년(1865) 월정사에서 인경한 고려대장경 『대방광불화엄경』이다.

3. 한글 번역은 동국역경원에서 발간한 한글 『대방광불화엄경』(운허)을 중심으로 하고 『신화엄경합론』(탄허)과 『대방광불화엄경 강설』(여천무비) 그리고 최근의 여타 번역본 등을 참조하였다.

4. 한글 번역은 독송과 사경을 위하여 정확성과 아울러 가독성을 고려하였다. 극존칭은 부처님과 불경계에 대해서만 사용하였다.

5. 사경본의 차례는 일러두기 → 한글역 본문 → 화엄경 목차 → 간행사이며 80권 『대방광불화엄경』의 권별 목차 순으로 독송본과 함께 간행한다. (법공양판에는 간행사 다음에 간행불사 동참자를 밝혀두었다.)

사경본 한글역
대방광불화엄경 제62권

39. 입법계품 [3]

수미해주

대방광불화엄경 제62권 변상도

대방광불화엄경
제62권

39. 입법계품 [3]

_____ 은(는) 『대방광불화엄경』을
사경하는 인연공덕으로
『화엄경』이 널리 유통되고
우리 모두 다함께 보리 이루기를 발원하옵니다.

대방광불화엄경

제62권

39. 입법계품 [3]

 이때에 문수사리 보살이 모든 비구들에게 권하여 아뇩다라삼먁삼보리심을 내게 하고는, 점차 남방으로 가면서 인간 세상을 지나다가 복성의 동쪽에 이르러 장엄당 사라림에 머물렀다.

지난 옛적에 모든 부처님께서 일찍이 머무르시면서 중생을 교화하시던 큰 탑묘 자리이며, 또한 세존께서도 지난 옛적에 보살행을 닦아 한량없는 버리기 어려운 것을 능히 버리시던 곳이었다.

그러므로 이 숲의 명칭이 한량없는 부처님 세계에 널리 들리어서, 이곳이 항상 천신과 용과 야차와 건달바와 아수라와 가루라와 긴나라와 마후라가와 사람과 사람 아닌 이들이 공양올리는 곳이 되었다.

이때에 문수사리가 그 권속들과 함께 이곳에 이르러서 곧 그 자리에서 '법계를 널리 비추는 경'을 설하니, 백만억 나유타 경으로 권속을 삼았다.

이 경을 설할 때에 큰 바다 가운데 있는 한량없는 백천억 모든 용들이 그곳에 와서 이 법을 듣고는 용의 갈래를 매우 싫어하고 바로 불도를 구하여 용의 몸을 다 버리고 천상이나 인간에 태어났다. 일만의 모든 용들이 아뇩다라삼먁삼보리에서 물러나지 않게 되었으며, 다시 한량없고 수 없는 중생들이 삼승 가운데 각각 조복함을 얻었다.

이때에 복성 사람들이 문수사리 동자가 장엄당 사라림 가운데 큰 탑묘 자리에 있다고 함을 듣고, 한량없는 대중들이 그 성에서 나와 그곳에 이르렀다.

그때에 우바새가 있었으니 이름이 '대지'이다. 오백 우바새 권속과 함께하였으니, 이른바 수달다 우바새와 바수달다 우바새와 복덕광 우바새와 유명칭 우바새와 시명칭 우바새와 월덕 우바새와 선혜 우바새와 대혜 우바새와 현호 우바새와 현승 우바새이다.

이와 같은 등 오백 우바새와 함께 문수사리 동자의 처소에 와서, 그 발에 정례하고 오른쪽으로 세 번 돌아서 물러가 한쪽에 앉았다.

다시 오백 우바이가 있었으니, 이른바 대혜 우바이와 선광 우바이와 묘신 우바이와 가락신 우바이와 현 우바이와 현덕 우바이와 현광 우바이와 당광 우바이와 덕광 우바이와 선목 우바이이다.

이와 같은 등 오백 우바이가 문수사리 동자의 처소에 와서, 그 발에 정례하고 오른쪽으로 세 번 돌아서 물러가 한쪽에 앉았다.

다시 오백 동자가 있었으니, 이른바 선재 동자와 선행 동자와 선계 동자와 선위의 동자와 선용맹 동자와 선사 동자와 선혜 동자와 선각 동자와 선안 동자와 선비 동자와 선광 동자이다.

이와 같은 등 오백 동자가 문수사리 동자의 처소에 와서, 그 발에 정례하고 오른쪽으로 세 번 돌아서 물러가 한쪽에 앉았다.

다시 오백 동녀가 있었으니, 이른바 선현 동녀와 대지거사의 딸 동녀와 현칭 동녀와 미안 동녀와 견혜 동녀와 현덕 동녀와 유덕 동녀와 범수 동녀와 덕광 동녀와 선광 동녀이다.

이와 같은 등 오백 동녀가 문수사리 동자의 처소에 와서, 그 발에 정례하고 오른쪽으로 세 번 돌아서 물러가 한쪽에 앉았다.

 그때에 문수사리 동자가 복성의 사람들이 다 이미 와서 모인 것을 알고 그들의 마음에 좋아함을 따라서 자재한 몸을 나타내니, 위광이 찬란하여 모든 대중들을 가렸다. 자재한 대자로 그들이 청량하게 하며, 자재한 대비로 법을 설할 마음을 일으키며, 자재한 지혜로 그들의 마음에 좋아함을 알며, 광대한 변재로 장차 법을 설하려 하였다.

 다시 이때에 선재가 무슨 인연으로

그 이름을 가졌는가를 관찰하였다.

　이 동자가 처음 태에 들 때에 그 집안에 저절로 칠보 누각이 나타나고 그 누각 아래에 일곱 개의 묻힌 창고가 있으며, 그 창고 위에는 땅이 저절로 갈라져서 칠보의 싹이 나오니 이른바 금과 은과 유리와 파려와 진주와 자거와 마노이다.

　선재 동자가 열 달을 태에 머무른 연후에 탄생하니 형체와 팔다리가 단정하게 구족되었다. 그 일곱 개 큰 창고의 가로와 세로와 높이가 각각 칠 척에 이르렀고 땅에서 솟아나오니 광명이 밝게 비치었다.

다시 집 안에는 저절로 오백 개의 보배 그릇이 있어 갖가지 모든 물건이 저절로 가득 찼다. 이른바 금강 그릇에는 일체 향이 담기었고, 향 그릇에는 갖가지 옷이 담기었고, 아름다운 옥 그릇에는 갖가지 맛 좋은 음식이 가득 담기었다.

마니 그릇에는 갖가지 기이하고 진귀한 보배가 가득 담기었고, 금 그릇에는 은이 담기었고, 은 그릇에는 금이 담기었고, 금은 그릇에는 유리와 그리고 마니보배가 가득 담기었고, 파려 그릇에는 자거가 가득 담기었고, 자거 그릇에는 파려가 가득 담기었다.

마노 그릇에는 진주가 가득 담기었고, 진주 그릇에는 마노가 가득 담기었고, 불 마니 그릇에는 물 마니가 가득 담기었고, 물 마니 그릇에는 불 마니가 가득 담기었다. 이와 같은 등 오백 보배 그릇이 저절로 나타났다.

또 온갖 보배들과 모든 재물들이

비내려 일체 창고를 모두 가득하게 하였다. 이런 일 때문에 부모와 친척과 그리고 상을 잘 보는 분들이 한가지로 이 아이의 이름을 '선재'라고 부른 것을 알았다.

또 이 동자가 이미 일찍이 과거의 모든 부처님께 공양올려서 선근을 깊이 심었으며, 믿고 이해함이 광대하여 모든 선지식들을 항상 즐겨 친근하였으며, 몸과 말과 뜻의 업이 다 허물이 없으며, 보살도를 깨끗이 하며, 일체지를 구하여 불법의 그릇을 이루며, 그 마음이 청정함이 마치 허공과 같으며, 보리에 회향하며, 장애하는 바가 없는 것을 알았다.

그때에 문수사리 보살이 이와 같이 선재 동자를 관찰하고는 위로하고 깨우쳐 주면서 위하여 일체 부처님 법을 연설하였다.

이른바 일체 부처님의 쌓아 모으는 법을 설하며, 일체 부처님의 계속하는 법을 설하며, 일체 부처님의 차례 법을 설하며, 일체 부처님의 대중 모임의 청정한 법을 설하며, 일체 부처님의 법륜으로 교화하여 인도하는 법을 설하였다.

일체 부처님의 색신이 잘생긴 모습의 법을 설하며, 일체 부처님의 법신을 성취하는 법을 설하며, 일체 부처님의 말씀과 변재의 법을 설하며, 일체 부처님의 광명이 밝게 비치는 법을 설하며, 일체 부처님의 평등하여 둘이 없는 법을 설하였다.

그때에 문수사리 동자가 선재 동자와 그리고 모든 대중들을 위하여 이 법을 설하고는 은근히 권유하여 세력을 늘게 하여 그들이 기뻐 아뇩다라삼먁삼보리심을 내게 하며, 또 과거의 선근을 기억하게 하였다.

이 일을 하고는 곧 그 자리에서 다시 중생들을 위하여 마땅함을 따라 법을 설한 연후에 떠났다.

그때에 선재 동자가 문수사리의 처소에서 부처님의 이와 같은 갖가지 공덕을 듣고 일심으로 아뇩다라삼먁삼보리를 부지런히 구하여 문수사리를 따라서 게송을 설하여 말하였다.

　　삼유는 성곽이 되고
　　교만은 담장이 되며
　　모든 갈래는 문이 되고
　　갈애의 물은 해자가 되었도다.

　　어리석음의 어둠에 덮인 바로
　　탐욕과 성냄의 불이 치성하여
　　마왕은 군주가 되고
　　어리석은 이들은 의지해 머무르도다.

탐욕과 애욕은 묶는 노끈이 되고
아첨과 속임은 고삐가 되며
의혹이 그 눈을 가려서
모든 삿된 길로 들어가도다.

간탐과 질투와 교만과 게으른 까닭으로
세 가지 나쁜 곳에 들어가며
혹은 여러 갈래 중의
생로병사 고통에 떨어지도다.

미묘한 지혜의 청정한 태양인
대비의 원만한 바퀴가

번뇌의 바다를 능히 말리니
바라건대 조금이라도 살펴 주소서.

미묘한 지혜의 청정한 달인
대자의 때 없는 바퀴가
일체를 모두 편안하게 하니
바라건대 저를 비추어 살펴 주소서.

일체 법계의 왕이
법보로 앞에서 인도하시어
허공에 다님이 걸리는 바 없으시니
바라건대 저를 가르쳐 주소서.

복과 지혜 많은 크게 장사하는 주인이
용맹하게 보리를 구하시어
모든 군생들을 널리 이익하게 하시니
바라건대 저를 지키고 보호해 주소서.

몸에는 인욕의 갑옷을 입으시고
손에는 지혜의 검을 잡으시고
자재하게 마군을 항복 받으시니
바라건대 저를 빼내어 구제해 주소서.

법의 수미산 꼭대기에 머무르시어
선정의 시녀들이 항상 공손히 모시고

미혹의 아수라를 소멸하시는
제석이시여, 바라건대 저를 살펴 주소서.

삼유의 어리석은 범부의 집과
혹업의 땅에 나아가는 원인을
어지신 분께서 모두 조복하시니
등불처럼 저에게 길을 보여 주소서.

모든 나쁜 갈래를 버려 여의시고
모든 착한 길을 청정히 하시어
모든 세간을 초월하신 분이시여,
저에게 해탈의 문을 보여 주소서.

세간의 뒤바뀐 집착인
상락아정이라는 생각을
지혜의 눈으로 모두 능히 여의셨으니
저에게 해탈의 문을 열어 주소서.

삿되고 바른 길을 잘 아시어
분별하는 마음에 겁이 없으신
일체를 분명하게 아시는 분이시여,
저에게 보리의 길을 보여 주소서.

부처님의 바른 견해의 땅에 머무르시며
부처님의 공덕 나무를 기르시며

부처님의 미묘한 법의 꽃을 비내리시니
저에게 보리의 길을 보여 주소서.

과거와 미래와 현재의 부처님께서
곳곳마다 다 두루하시어
마치 해가 세간에 뜬 듯하시니
저를 위하여 그 길을 말씀하소서.

일체 업을 잘 아시고
모든 수레의 행을 깊이 통달하시어
지혜가 결정된 분이시여,
저에게 마하연을 보여 주소서.

서원의 겉 바퀴와 대비의 속 바퀴와
신심의 굴대와 견고한 인욕의 빗장과
공덕의 보배로 꾸밈이여,
제가 이 수레에 오르게 하소서.

총지의 광대한 곳집과
자애롭고 가엾게 여김의 장엄한 일산과
변재의 풍경이 울림이여,
제가 이 수레에 오르게 하소서.

범행은 돗자리가 되며
삼매는 채녀가 되며

법의 북은 미묘한 소리를 울리니
바라건대 저에게 이 수레를 주소서.

사섭은 다함없는 창고이며
공덕은 장엄한 보배이며
부끄러움은 고삐와 굴레가 됨이여,
바라건대 저에게 이 수레를 주소서.

항상 보시의 바퀴를 굴리며
항상 깨끗한 계의 향을 바르며
인욕으로 굳게 장엄함이여,
제가 이 수레에 오르게 하소서.

선정과 삼매의 곳집과
지혜 방편의 멍에로
조복하여 물러나지 않게 함이여,
제가 이 수레에 오르게 하소서.

큰 서원의 청정한 바퀴와
총지의 견고한 힘이
지혜로 성취된 것이니
제가 이 수레에 오르게 하소서.

넓은 행으로 두루 장식하고
가엾게 여기는 마음으로 서서히 굴려서

향하는 곳마다 모두 겁이 없으니
제가 이 수레에 오르게 하소서.

견고함은 금강과 같고
공교함은 환화와 같아서
일체에 장애가 없으니
제가 이 수레에 오르게 하소서.

광대하고 지극히 청정하여
널리 중생들에게 즐거움을 주되
허공 법계와 같으니
제가 이 수레에 오르게 하소서.

모든 업과 미혹의 바퀴를 깨끗이 하고
모든 유전하는 고통을 끊어서
마와 외도를 꺾으니
제가 이 수레에 오르게 하소서.

지혜는 시방에 가득하고
장엄은 법계에 두루하여
널리 중생의 부류를 흡족하게 하니
제가 이 수레에 오르게 하소서.

청정함은 허공과 같아서
애욕과 소견을 모두 멸하여 없애고

일체 중생을 이익하게 하니
제가 이 수레에 오르게 하소서.

서원의 힘으로 빠르게 가고
선정의 마음으로 편안히 머물러
모든 중생들을 널리 옮겨 주니
제가 이 수레에 오르게 하소서.

땅과 같이 흔들리지 않고
물과 같이 널리 요익하게 하여
이와 같이 중생을 옮겨 주니
제가 이 수레에 오르게 하소서.

사섭의 원만한 바퀴와
총지의 청정한 광명인
이와 같은 지혜의 태양이여,
바라건대 제가 보도록 보여 주소서.

이미 법왕의 성에 들어가셨고
이미 지혜의 왕관을 쓰셨고
이미 미묘한 법의 비단을 매셨으니
바라건대 능히 자애로 저를 돌보아 주소서.

그때에 문수사리 보살이 코끼리 왕이 돌아보듯이 선재 동자를 보고 이

렇게 말씀하였다.

"훌륭하고 훌륭합니다! 선남자여, 그대는 이미 아뇩다라삼먁삼보리심을 내었고, 다시 모든 선지식들을 친근하여 보살행을 물으며 보살도를 닦으려 합니다.

선남자여, 모든 선지식들을 친근하고 공양올리는 것이 일체지를 구족하는 최초의 인연입니다. 그러므로 이에 피로해하거나 싫어하지 말아야 합니다."

선재 동자가 여쭈었다.

"오직 원하오니, 성자시여, 널리 저를 위하여 말씀해 주십시오.

보살이 응당 어떻게 보살행을 배워야 하며,

응당 어떻게 보살행을 닦아야 하며,

응당 어떻게 보살행에 나아가야 하며,

응당 어떻게 보살행을 행해야 하며,

응당 어떻게 보살행을 깨끗이 해야 하며,

응당 어떻게 보살행에 들어가야 하며,

응당 어떻게 보살행을 성취해야 하며,

응당 어떻게 보살행을 따라야 하며,

응당 어떻게 보살행을 생각해야 하며,
응당 어떻게 보살행을 넓혀야 하며,
응당 어떻게 보현행이 속히 원만함을 얻게 해야 합니까?"

그때에 문수사리 보살이 선재 동자를 위하여 게송을 설하여 말씀하였다.

훌륭하도다. 공덕 창고여,
　능히 나의 처소에 이르러 와서
　대비의 마음을 내어

부지런히 위없는 깨달음을 구하도다.

이미 광대한 서원을 내어
중생의 괴로움을 멸해 없애고
널리 모든 세간을 위하여
보살행을 수행하도다.

만약 어떤 여러 보살들이
생사의 괴로움을 싫어하지 아니하면
곧 보현의 도를 갖추어
일체가 무너뜨릴 수 없으리로다.

복의 광명과 복의 위력과
복의 처소와 복의 깨끗한 바다로
그대가 모든 중생들을 위하여
보현행 닦기를 원할지어다.

그대는 끝이 없는
시방의 일체 부처님을 친견하고
법을 모두 다 들어서
받아 지니고 잊지 말지어다.

그대는 시방세계에서
한량없는 부처님을 널리 친견하고

모든 서원바다를 성취하여
보살행을 구족할지어다.

만약 방편바다에 들어가면
부처님의 보리에 편안히 머무르고
능히 도사를 따라 배워서
마땅히 일체지를 이루리라.

그대는 일체 세계에 두루하여
미진과 같은 모든 겁 동안에
보현행을 닦아 행하여
보리도를 성취할지어다.

그대는 한량없는 세계의
가없는 모든 겁바다에
보현행을 닦아 행하여
모든 큰 서원을 원만히 이룰지어다.

이 한량없는 중생들이
그대의 서원을 듣고 환희하여
모두 보리의 뜻을 내어서
보현의 수레 배우기를 서원하리라.

그때에 문수사리 보살이 이 게송을 설하고는 선재 동자에게 말씀하였다.

"훌륭하고 훌륭합니다! 선남자여, 그대가 이미 아뇩다라삼먁삼보리심을 내었고 보살행을 구하였습니다.

선남자여, 만약 어떤 중생이 능히 아뇩다라삼먁삼보리심을 내면 이 일은 어려움이 되며, 능히 마음을 내고서 보살행을 구하는 것은 배나 더 어려움이 됩니다.

선남자여, 만약 일체지의 지혜를 성취하려 한다면, 응당 결정코 참 선지식을 구해야 합니다.

선남자여, 선지식을 구함에 피로해 하거나 게으름을 내지 말며, 선지식을 봄에 만족해 싫어함을 내지 말며, 선지식이 지닌 바 가르치는 말씀을 모두 응당 수순해야 하며, 선지식의 교묘한 방편에 허물을 보지 말아야 합니다.

선남자여, 여기서 남방에 한 국토가 있으니 이름이 '승락'이고, 그 국토에 산이 있으니 이름이 '묘봉'입니다. 그 산중에 한 비구가 있으니 이름을 '덕운'이라 합니다.

 그대가 가서 묻기를 '보살이 어떻게 보살행을 배우며, 보살이 어떻게 보살행을 닦으며, 내지 보살이 어떻게 보현행을 빨리 원만하게 합니까?'라고 하면, 덕운 비구가 마땅히 그대를 위하여 말해 줄 것입니다."

 그때에 선재 동자가 이 말씀을 듣고는 기뻐 높이 뛰면서 발에 엎드려 절하며, 수없이 돌고 은근하게 우러러보면서 눈물을 흘리며, 하직하고 물러가 남쪽으로 떠났다.

승락국을 향하여 가서 묘봉산에 올랐다. 그 산 위에서 동서남북과 네 간방과 위와 아래를 살펴보고 찾아다니며 목마르게 우러러 덕운 비구를 친견하려 하였다.

칠일이 지나서 그 비구가 다른 산 위에서 천천히 거닐며 경행하는 것을 보았다. 보고는 나아가서 그 발에 엎드려 절하고 오른쪽으로 세 번 돌고는 앞에 머물러 이와 같이 말하였다.

"성자시여, 제가 이미 먼저 아뇩다

라삼먁삼보리심을 내었으나, 보살이 어떻게 보살행을 배우며, 어떻게 보살행을 닦으며, 내지 응당 어떻게 보현행을 빨리 원만케 해야 하는지 알지 못합니다.

제가 들으니 성자께서 잘 능히 가르쳐 주신다고 합니다. 오직 원하오니, 자애를 드리워 저를 위하여 말씀해 주십시오. 어떻게 보살이 아뇩다라삼먁삼보리를 성취할 수 있습니까?"

그때에 덕운 비구가 선재에게 말하였다.

"훌륭하고 훌륭합니다! 선남자여, 그대가 이미 아뇩다라삼먁삼보리심을 능히 내었고, 다시 모든 보살행을 능히 청해 물으니, 이와 같은 일은 어려운 중에 어려운 일입니다.

이른바 보살의 행을 구하며, 보살의 경계를 구하며, 보살의 벗어나는 도를 구하며, 보살의 청정한 도를 구하며, 보살의 청정하고 광대한 마음을 구하며, 보살의 성취한 신통을 구하는 것입니다.

보살의 나타내 보이는 해탈문을 구하며, 보살의 세간에 시현하여 짓는 바 업을 구하며, 보살의 중생을 수순하는 마음을 구하며, 보살의 생사와 열반의 문을 구하며, 보살의 함이 있고 함이 없음을 관찰하되 마음이 집착하는 바가 없음을 구하는 것입니다.

선남자여, 나는 자재하고 결정한 이해의 힘을 얻어서 믿음의 눈이 청정하며, 지혜 광명이 밝게 비치며,

경계를 널리 관하며, 일체 장애를 여의며, 교묘하게 관찰하며, 넓은 눈이 밝아서 청정한 행을 갖추었습니다.

시방의 일체 국토에 가서 일체 모든 부처님을 공경하고 공양올리며, 일체 모든 부처님 여래를 항상 생각하며, 일체 모든 부처님의 바른 법을 모두 지니며, 일체 시방의 모든 부처님을 항상 친견합니다.

이른바 동방에서 한 부처님과, 두 부처님과, 열 부처님과, 백 부처님과,

천 부처님과, 백천 부처님과, 억 부처님과, 백억 부처님과, 천억 부처님과, 백천억 부처님과, 나유타 억 부처님과, 백 나유타 억 부처님과, 천 나유타 억 부처님과, 백천 나유타 억 부처님을 친견합니다.

내지 수없고, 한량없고, 가없고, 같음이 없고, 셀 수 없고, 일컬을 수 없고, 생각할 수 없고, 헤아릴 수 없고, 말할 수 없고, 말할 수 없이 말할 수 없는 부처님을 친견합니다.

내지 염부제 미진수의 부처님과,

사천하 미진수의 부처님과, 천 세계 미진수의 부처님과, 이천 세계 미진수의 부처님과, 삼천 세계 미진수의 부처님과, 열 부처님 세계 미진수의 부처님과, 내지 말할 수 없이 말할 수 없는 부처님 세계 미진수의 부처님을 친견합니다.

동방에서와 같이 남방과 서방과 북방과 네 간방과 상방과 하방에서도 또한 이와 같습니다.

낱낱 방위에 계시는 모든 부처님께서 갖가지 색상과, 갖가지 형모와,

갖가지 신통과, 갖가지 유희와, 갖가지 대중모임의 장엄한 도량과, 갖가지 광명의 가없이 밝게 비침과, 갖가지 국토와, 갖가지 수명으로, 모든 중생들의 갖가지 마음에 좋아함을 따라 갖가지로 바른 깨달음 이루는 문을 나타내 보여서 대중 가운데서 사자후를 하십니다.

선남자여, 나는 오직 이 일체 모든 부처님의 경계를 생각하여 지혜의 광명으로 널리 보는 법문만 얻었습니다. 어찌 능히 모든 큰 보살들의 가없는 지혜와 청정한 수행의 문을 밝게 알겠습니까?

이른바 지혜의 광명이 널리 비치는 염불문이니 일체 모든 부처님 국토의 갖가지 궁전이 모두 깨끗하게 장엄됨을 항상 보는 까닭이며, 일체 중생이 부처님을 생각하게 하는 문이니 모든 중생들의 마음에 좋아하는 바를 따라서 다 부처님을 친견하고 청정함을 얻게 하는 까닭입니다.

힘에 편안히 머무르게 하는 염불

문이니 여래의 십력에 들어가게 하는 까닭이며, 법에 편안히 머무르게 하는 염불문이니 한량없는 부처님을 친견하고 법을 듣는 까닭입니다.

모든 방위를 밝게 비추는 염불문이니 일체 모든 세계 가운데 평등하여 차별 없는 모든 부처님바다를 다 보는 까닭입니다.

볼 수 없는 곳에 들어가는 염불문이니 일체 미세한 경계 가운데 모든 부처님의 자재하신 신통의 일을 모두 보는 까닭입니다.

모든 겁에 머무르는 염불문이니 일체 겁에 여래의 모든 베푸시는 바를 항상 보고 잠깐도 버리지 않는 까닭입니다.

일체 시간에 머무르는 염불문이니 일체 시간에 여래를 항상 친견하고 친근하여 함께 머물러서 버리어 여의지 않는 까닭입니다.

일체 세계에 머무르는 염불문이니 일체 국토에서 부처님 몸이 일체를 뛰어넘어 더불어 같음이 없음을 다 보는 까닭입니다.

일체 세상에 머무르는 염불문이니 자기 마음의 하고자 하는 바 즐거움을 따라서 삼세의 모든 여래를 널리 보는 까닭입니다.

일체 경계에 머무르는 염불문이니 널리 일체 모든 경계 가운데 모든 여래께서 차례로 나타나심을 보는 까닭입니다.

적멸에 머무르는 염불문이니 한 생각 사이에 일체 세계의 일체 모든 부처님께서 열반을 보이심을 보는 까닭입니다.

멀리 여읨에 머무르는 염불문이니 하루 동안에 일체 부처님께서 그 머무르시던 곳에서 떠나가심을 보는 까닭입니다.

광대함에 머무르는 염불문이니 날날 부처님의 몸이 일체 모든 법계에 가득하심을 마음으로 항상 관찰하는 까닭입니다.

미세함에 머무르는 염불문이니 한 털끝에 말할 수 없는 여래께서 출현하심이 있으면 모두 그곳에 가서 받들어 섬기는 까닭입니다.

장엄함에 머무르는 염불문이니 한 생각 사이에 일체 세계에 다 모든 부처님께서 계셔서 평등하고 바른 깨달음을 이루어 신통 변화를 나타내심을 보는 까닭입니다.

능히 하는 일에 머무르는 염불문이니 일체 부처님께서 세간에 출현하시어 지혜의 광명을 놓아 법륜 굴리심을 보는 까닭입니다.

자재한 마음에 머무르는 염불문이니 자기 마음에 있는 바 욕락을 따라서 일체 모든 부처님께서 그 형상을 나타내시는 것을 아는 까닭입니다.

　자기 업에 머무르는 염불문이니 중생이 쌓아 모은 바 업을 따라 그 영상을 나타내어 깨닫게 하는 것을 아는 까닭입니다.

　신통 변화에 머무르는 염불문이니 부처님께서 앉으신 넓고 큰 연꽃이 법계에 두루두루 피는 것을 보는 까닭입니다.

　허공에 머무르는 염불문이니 여래께서 지니신 몸구름이 법계와 허공계를 장엄함을 관찰하는 까닭입니다.

내가 어떻게 그 공덕의 행을 능히 알고 능히 말하겠습니까?

선남자여, 남방에 나라가 있으니 이름이 '해문'이고, 거기에 비구가 있으니 이름이 '해운'입니다.

그대가 그에게 가서 묻기를 '보살이 어떻게 보살행을 배우며, 보살도를 닦아야 합니까?'라고 하면, 해운 비구가 광대한 선근을 일으키는 인연을 능히 분별하여 말할 것입니다.

선남자여, 해운 비구가 마땅히 그

대가 광대한 도를 돕는 지위에 들어가게 하며, 마땅히 그대가 광대한 선근의 힘을 내게 하며, 마땅히 그대를 위하여 보리심을 내는 원인을 말할 것입니다.

마땅히 그대가 광대한 수레의 광명을 내게 하며, 마땅히 그대가 광대한 바라밀을 닦게 하며, 마땅히 그대가 광대한 모든 행바다에 들어가게 할 것입니다.

마땅히 그대가 광대한 서원의 바퀴를 원만하게 하며, 마땅히 그대가 광대한 장엄의 문을 깨끗하게 하며, 마땅히 그대가 광대한 자비의 힘을 내게 할 것입니다."

그때에 선재 동자가 덕운 비구의 발에 절하며, 오른쪽으로 돌고 관찰하며, 하직하고 물러갔다.

그때에 선재 동자가 일심으로 선지식의 가르침을 사유하여 바른 생각으로 지혜 광명의 문을 관찰하며, 바른 생각으로 보살의 해탈의 문을 관찰하였다.

바른 생각으로 보살의 삼매의 문을 관찰하며, 바른 생각으로 보살의 큰 바다의 문을 관찰하며, 바른 생각으로 모든 부처님께서 앞에 나타나시는 문을 관찰하며, 바른 생각으로 모든 부처님의 처소의 문을 관찰하였다.

바른 생각으로 모든 부처님의 법칙의 문을 관찰하며, 바른 생각으로 모든 부처님의 허공계와 평등한 문을 관찰하며, 바른 생각으로 모든 부처님의 출현하시는 차례의 문을 관찰하며, 바른 생각으로 모든 부처님의 들어가신 바 방편의 문을 관찰하였다.

점차 남쪽으로 가서 해문국에 이르러 해운 비구의 처소를 향하여 가서, 그 발에 정례하고 오른쪽으로 돌기를 마치고, 앞에서 합장하며 이와 같이 말하였다.

"성자시여, 저는 이미 아뇩다라삼먁삼보리심을 내어, 일체 위없는 지혜바다에 들어가려 합니다. 그러나

알지 못하겠습니다. 보살이 어떻게 세속의 집을 능히 버리고 여래의 집에 태어나며, 어떻게 생사바다를 능히 건너서 부처님의 지혜바다에 들어갑니까?

어떻게 범부의 지위를 능히 여의고 여래의 지위에 들어가며, 어떻게 생사의 흐름을 능히 끊고 보살행의 흐름에 들어가며, 어떻게 생사의 바퀴를 능히 깨뜨리고 보살 서원의 바퀴를 이루며, 어떻게 마의 경계를 능히 없애고 부처님의 경계를 나타냅니까?

 어떻게 애욕바다를 능히 말리고 대비바다를 늘게 하며, 어떻게 온갖 난관과 나쁜 갈래의 문을 능히 닫고 모든 천상의 열반의 문을 열며, 어떻게 삼계의 성에서 능히 벗어나 일체지의 성에 들어가며, 어떻게 일체 노리개를 능히 버리고 모두 일체 중생을 요익하게 합니까?"

 그때에 해운 비구가 선재에게 말하였다. "선남자여, 그대는 이미 아뇩다라삼먁삼보리심을 내었습니까?"

선재가 대답하였다. "그렇습니다. 저는 이미 아뇩다라삼먁삼보리심을 내었습니다."

해운이 말하였다.

"선남자여, 만약 모든 중생들이 선근을 심지 아니하면 곧 아뇩다라삼먁삼보리심을 능히 내지 못합니다.

요컨대 넓은 문의 선근 광명을 얻으며, 진실한 길인 삼매의 지혜 광명을 갖추며, 갖가지 광대한 복바다를 내며, 희고 깨끗한 법을 자라게 함에

게으름이 없으며, 선지식을 섬김에 피로해하거나 싫어함을 내지 말아야 합니다.

몸과 목숨을 돌보지 아니하여 쌓아 두는 것이 없으며, 평등한 마음이 땅과 같아서 높고 낮음이 없으며, 성품이 항상 일체 중생을 사랑하고 불쌍히 여기며, 모든 존재의 갈래를 오로지 생각하고 버리지 말며, 항상 여래의 경계 관찰하기를 좋아하여야, 이와 같이 이에 보리심을 낼 수 있습니다.

보리심을 내는 것은 이른바 대비의

마음을 냄이니 일체 중생을 널리 구제하는 까닭이며, 대자의 마음을 냄이니 일체 세간을 평등하게 돕는 까닭이며, 안락하게 하는 마음을 냄이니 일체 중생이 모든 괴로움을 없애게 하는 까닭이며, 요익하게 하는 마음을 냄이니 일체 중생이 나쁜 법을 떠나게 하는 까닭입니다.

슬피 여기는 마음을 냄이니 두려움이 있는 자를 다 수호하는 까닭이며, 걸림 없는 마음을 냄이니 일체 모든 장애를 버려 여의는 까닭이며, 광대한 마음을 냄이니 일체 법계에 다 두루 가득한 까닭이며, 가없는 마음을 냄이니 허공과 같은 세계에 가지 않음이 없는 까닭입니다.

너그럽고 넓은 마음을 냄이니 일체 모든 여래를 다 친견하는 까닭이며, 청정한 마음을 냄이니 삼세 법에 지혜가 어김이 없는 까닭이며, 지혜의 마음을 냄이니 일체 지혜바다에 널리 들어가는 까닭입니다.

선남자여, 내가 이 해문국에 머물러 십이 년을 항상 큰 바다로 그 경계를 삼았습니다.

이른바 큰 바다가 광대하고 한량이 없음을 사유하며, 큰 바다가 매우 깊어서 측량하기 어려움을 사유하며, 큰 바다가 점차 깊고 넓어짐을 사유하였습니다.

큰 바다가 한량없는 온갖 보배들이 기묘하게 장엄함을 사유하며, 큰 바다가 한량없는 물이 쌓였음을 사유하며, 큰 바다가 물빛이 같지 않음이 불가사의함을 사유하였습니다.

큰 바다가 한량없는 중생들이 머

무르는 곳임을 사유하며, 큰 바다가 갖가지 큰 몸의 중생들을 수용함을 사유하며, 큰 바다가 큰 구름에서 내리는 비를 능히 받아들임을 사유하며, 큰 바다가 늘지도 않고 줄지도 않음을 사유하였습니다.

선남자여, 내가 사유할 때에 다시 이 생각을 하였습니다.

'세간 가운데 자못 넓고 넓음이 이 바다를 초과하는 것이 있는가? 자못 한량없음이 이 바다를 초과하는 것이 있는가? 자못 매우 깊음이 이 바

다를 초과하는 것이 있는가? 자못 특수함이 이 바다를 초과하는 것이 있는가?'

선남자여, 내가 이 생각을 할 때에 이 바다 밑에서 큰 연꽃이 홀연히 나타났습니다.

더 수승할 수 없는 인다라니라 보배로 줄기가 되고, 폐유리 보배로 연자가 되고, 염부단금으로 잎이 되고, 침수향으로 꽃판이 되고, 마노로 꽃술이 되어 향기롭게 퍼져서 큰 바다를 두루 덮었습니다.

백만 아수라왕이 그 줄기를 잡아서 백만 마니보배로 장엄한 그물로 그 위를 두루 덮고, 백만 용왕이 향수를 비내리고, 백만 가루라왕이 모든 영락과 보배 비단 띠를 물어서 두루두루 드리웠습니다.

　　백만 나찰왕이 자애로운 마음으로 살펴보며, 백만 야차왕이 공경히 예배하며, 백만 건달바왕이 갖가지 음악으로 찬탄하고 공양올리며, 백만 천왕이 모든 하늘 꽃과 하늘 화만과 하늘 향과 하늘 사르는 향과 하늘 바르는 향과 하늘 가루 향과 하늘 미묘한 의복과 하늘 당기와 번기와 일산을 비내렸습니다.

백만 범왕이 머리 숙여 예경하며, 백만 정거천이 합장하고 예를 올리며, 백만 전륜왕이 각각 칠보로 장엄하여 공양올리며, 백만 바다 신은 동시에 나타나서 공경히 머리 숙여 예배하였습니다.

백만 미광 마니보배가 광명이 널리 비치며, 백만 정복 마니보배로 장엄하며, 백만 보광 마니보배로 청정한 창고가 되며, 백만 수승 마니보배는 그 빛이 찬란하며, 백만 묘장 마니보배는 광명이 가없이 비치었습니다.

　백만 염부당 마니보배가 차례로 줄을 짓고, 백만 금강사자 마니보배는 파괴할 수 없이 청정하게 장엄하며, 백만 일장 마니보배는 광대하게 청정하며, 백만 가락 마니보배는 갖가지 빛을 갖추며, 백만 여의 마니보배는 다함없이 장엄되어 광명이 밝게 비치었습니다.

　이 큰 연꽃은 여래께서 세상에 출

현하시는 선근으로 일어난 것이라, 일체 보살이 다 믿고 좋아하며 시방 세계가 앞에 나타나지 않음이 없습니다. 환과 같은 법에서 났으며, 꿈과 같은 법에서 났으며, 청정한 업에서 났으며, 다름이 없는 법문으로 장엄한 것입니다.

함이 없는 법인에 들어갔으며, 걸림 없는 문에 머물러 시방의 일체 국토에 가득하였으며, 모든 부처님의 매우 깊은 경계를 따르니, 수없는 백천 겁 동안 그 공덕을 찬탄하여도 다

할 수 없습니다.

　내가 그때에 보니 그 연꽃 위에 한 분의 여래께서 결가부좌하고 계셨는데 그 몸이 여기서부터 위로 유정천까지 이르렀습니다. 보배 연꽃 자리가 불가사의하며, 도량의 대중모임도 불가사의하며, 모든 모습이 성취됨도 불가사의하며, 따라서 잘생긴 모습이 원만하심도 불가사의하였습니다.

　신통 변화도 불가사의하며, 색상이 청정함도 불가사의하며, 볼 수 없는 정수리의 모습도 불가사의하며, 넓고 긴 혀의 모습도 불가사의하며, 교묘한 말씀도 불가사의하였습니다.

원만한 음성도 불가사의하며, 끝이 없는 힘도 불가사의하며, 청정하고 두려움 없음도 불가사의하며, 광대한 변재도 불가사의하였습니다.

또 생각하니 그 부처님께서 지난 옛적에 모든 행을 닦으심도 불가사의하며, 자재하게 도를 이루심도 불가사의하며, 묘한 음성으로 법을 펴심도 불가사의하며, 넓은 문으로 갖가지 장엄을 나타내 보이심도 불가사의하며, 그 좌우를 따라서 보시는 것이 각각 차별함도 불가사의하며, 일체를 이익하게 하여 다 원만하게 하심도 불가사의하였습니다.

그때에 이 여래께서 곧 오른손을 펴시어 나의 정수리를 만지시고, 나를 위하여 보안 법문을 연설하여 일체 여래의 경계를 열어 보이시며, 일체 보살의 모든 행을 드러내시며, 일체 모든 부처님의 미묘한 법을 열어 밝히시니, 일체 법륜이 모두 그 가운데 들어갔습니다.

 능히 일체 모든 부처님의 국토를 깨끗하게 하시며, 능히 일체 외도의 삿된 이론을 꺾으시며, 능히 일체 모든 마군 무리들을 멸하시며, 능히 중생들이 다 환희하게 하시며, 능히 일체 중생의 마음 행을 비추시며, 능히 일체 중생의 모든 근을 분명히 알아 중생들의 마음을 따라 모두 깨닫게 하시었습니다.

 내가 그 여래의 처소에서 이 법문을 듣고 받아 지니고 읽고 외우며 기억하고 관찰하였습니다.

 가령 어떤 사람이 큰 바다 양의 먹과 수미산 무더기의 붓으로 이 보안 법문의 한 품 가운데 한 문과, 한 문 가운데 한 법과, 한 법 가운데 한 뜻과, 한 뜻 가운데 한 구절을 베껴 쓰더라도 조금도 얻을 수 없는데, 어찌 하물며 다할 수 있겠습니까?

 선남자여, 내가 그 부처님 처소에서 천 이백 년 동안 이와 같은 보안 법문을 받아 지니고, 날마다 들어 지니는 다라니 광명으로 수없는 품을 받아들이고, 고요한 문 다라니 광명으로 수없는 품에 들어갔습니다.

가없이 도는 다라니 광명으로 수없는 품에 널리 들어가며, 지위를 따라 관찰하는 다라니 광명으로 수없는 품을 분별하며, 위력 다라니 광명으로 수없는 품을 널리 거두며, 연꽃 장엄 다라니 광명으로 수없는 품을 이끌어 내었습니다.

청정한 음성 다라니 광명으로 수없는 품을 연설하며, 허공장 다라니 광명으로 수없는 품을 드러내 보이며,

광명 무더기 다라니 광명으로 수없는 품을 더욱 넓히며, 바다창고 다라니 광명으로 수없는 품을 분석하여 밝혔습니다.

만약 어떤 중생이 시방에서 오며, 하늘과 하늘 왕과, 용과 용왕과, 야차와 야차왕과, 건달바와 건달바왕과, 아수라와 아수라왕과, 가루라와 가루라왕과, 긴나라와 긴나라왕과, 마후라가와 마후라가왕과, 사람과 사람왕과, 범천과 범천왕인, 이와 같은 일체가 나의 처소에 와서 이르면, 내가 모두 그들을 위하여 열어 보이고 해석하며 칭찬하여 다 사랑하고 좋아하며, 이 모든 부처님의 보살행 광명인 보안 법문에 들어가 편안히 머무르게 하였습니다.

선남자여, 나는 오직 이 보안 법문만 알 뿐입니다. 저 모든 보살마하살들은 일체 보살행의 바다에 깊이 들어가니 그 원력을 따라서 수행하는 까닭이며, 큰 서원바다에 들어가니 한량없는 겁 동안 세간에 머무르는 까닭이며, 일체 중생바다에 들어가니 그 마음에 좋아함을 따라 널리 이익하게 하는 까닭입니다.

일체 중생의 마음바다에 들어가니 십력과 걸림 없는 지혜 광명을 출생하는 까닭이며, 일체 중생의 근바다에 들어가니 때를 맞추어 교화하여 모두 조복하게 하는 까닭이며, 일체 세계바다에 들어가니 본래의 서원을 원만히 이루어 부처님 세계를 깨끗이 장엄하는 까닭입니다.

일체 부처님바다에 들어가니 모든

여래께 항상 공양올리기를 원하는 까닭이며, 일체 법바다에 들어가니 능히 지혜로 다 깨달아 들어가는 까닭이며, 일체 공덕바다에 들어가니 낱낱이 수행하여 구족하게 하는 까닭이며, 일체 중생의 말바다에 들어가니 일체 세계에서 바른 법륜을 굴리는 까닭입니다.

내가 어떻게 그 공덕의 행을 능히 알고 능히 말하겠습니까?

선남자여, 여기서 남쪽으로 육십

유순을 가면 능가산 가는 길가에 한 마을이 있으니 이름이 '해안'이고, 그곳에 비구가 있으니 이름이 '선주'입니다.

그대는 그에게 가서 '보살이 어떻게 보살의 행을 깨끗하게 합니까?'라고 물으십시오."

그때에 선재 동자는 해운 비구의 발에 예배하고 오른쪽으로 돌고 우러러보면서, 하직하고 물러갔다.

그때에 선재 동자가 오로지 선지식의 가르침을 생각하며, 오로지 보안 법문을 생각하였다.

오로지 부처님의 위신력을 생각하며, 오로지 법의 글귀구름을 지니며, 오로지 법바다의 문에 들어가며, 오로지 법의 차별을 생각하였다. 법의 소용돌이에 깊이 들어가며, 법의 허공에 널리 들어가며, 법의 장애를 깨끗이 다스리며, 법보 있는 곳을 관찰하였다.

점차 남쪽으로 가서 능가산 가는

길가 해안 마을에 이르러 시방을 관찰하고 선주를 찾았다.

 살펴보니, 이 비구가 허공 중에서 오고 가며 경행하는데 수없는 모든 천신들이 공경히 둘러싸서 모든 하늘 꽃을 흩으며 하늘 기악을 지으며, 번기와 당기와 비단이 모두 각각 수없어서 허공에 두루 가득히 공양올렸다.

 모든 큰 용왕들이 허공 중에서 부사의한 침수향구름을 일으켜 천둥치고 번개 쳐서 공양올리며, 긴나라왕이 온갖 음악을 연주하여 여법하게 찬미하면서 공양올렸다.

마후라가왕은 부사의한 지극히 미세한 옷을 허공 중에 두루두루 펴서 깔고 환희심을 내어 공양올리며, 아수라왕은 부사의한 마니보배구름을 일으켜 한량없는 광명의 갖가지 장엄으로 허공에 두루 가득히 공양올렸다.

가루라왕이 동자의 형상을 지어 한량없는 채녀들에게 둘러싸였으며, 구경에 살해할 마음이 없음을 성취하여 허공에서 합장하고 공양올렸다.

부사의한 수효의 모든 나찰왕들이 한량없는 나찰들에게 둘러싸였으며 그 형상이 장대하여 매우 두렵고 무서우나, 선주 비구의 자애로운 마음이 자재함을 보고는 몸을 굽히고 합장하며 우러러보고 공양올렸다.

부사의한 수효의 모든 야차왕들이 각각 모두 자기의 무리들에게 둘러싸여 사면에 두루하여 공경하고 수호하며, 부사의한 수효의 모든 범천왕들이 허공에서 몸을 굽히고 합장하여 인간의 법으로 칭찬하였다.

부사의한 수효의 모든 정거천들은 허공에서나 궁전에서 함께 공경히 합장하고 큰 서원을 세웠다.

이때에 선재 동자가 이 일을 보고는 마음이 기쁨을 내며 합장하여 예경하고 이와 같이 말하였다.

"성자시여, 저는 이미 먼저 아뇩다라삼먁삼보리심을 내었습니다. 그러나 보살이 어떻게 부처님 법을 수행하며, 어떻게 부처님 법을 쌓아 모으며, 어떻게 부처님 법을 갖추며, 어떻게 부처님 법을 훈습하며, 어떻게 부처님 법을 증장하며, 어떻게 부처님 법을 모두 거두며, 어떻게 부처님 법에 끝까지 이르며, 어떻게 부처님 법을 깨끗이 다스리며, 어떻게 부처님 법을 깊이 깨끗하게 하며, 어떻게 부처님 법을 통달하는지 알지 못합니다.

제가 들으니 성자께서 잘 능히 가르쳐 주신다고 합니다. 오직 원하오니 자애로 불쌍히 여기시어 저를 위하여 말씀해 주십시오.

보살이 어떻게 부처님 친견함을 버리지 않고 항상 그곳에서 부지런히 닦아 익히며, 보살이 어떻게 보살을 버리지 않고 모든 보살들과 선근을 동일하게 합니까?

보살이 어떻게 부처님 법을 버리지 않고 모두 지혜로 밝게 증득하며, 보살이 어떻게 큰 서원을 버리지 않고 일체 중생을 능히 널리 이익하게 합니까?

보살이 어떻게 여러 가지 행을 버

리지 않고 일체 겁에 머무르되 마음이 피로해하거나 싫어하지 않으며, 보살이 어떻게 부처님 세계를 버리지 않고 널리 능히 일체 세계를 모두 깨끗하게 장엄합니까?

보살이 어떻게 부처님 힘을 버리지 않고 모두 능히 여래의 자재하심을 알고 보며, 보살이 어떻게 함이 있음을 버리지 않고 또한 다시 머무르지 않으면서 널리 일체 모든 존재의 갈래에서 마치 변화하는 것처럼 생사 받음을 보이면서 보살의 행을 닦습니까?

 보살이 어떻게 법을 들음을 버리지 않고 모두 능히 모든 부처님의 바른 가르침을 받아들이며, 보살이 어떻게 지혜의 광명을 버리지 않고 널리 삼세에서 지혜로 행할 곳에 두루 들어갑니까?"

 이때에 선주 비구가 선재에게 말하였다.

 "훌륭하고 훌륭합니다! 선남자여, 그대가 이미 아뇩다라삼먁삼보리심을 내었고, 이제 다시 마음을 내어 부처님의 법과 일체지의 법과 자연인 법을 물었습니다.

선남자여, 나는 이미 보살의 걸림 없는 해탈문을 성취하여 혹 오고 혹 가고, 혹 다니고 혹 머무름에, 따라서 사유하며 닦아 익히고 관찰하여 즉시에 지혜의 광명을 얻었으니 이름이 '끝까지 걸림 없음'입니다.

이 지혜의 광명을 얻은 까닭으로 일체 중생의 마음 행을 알아서 장애하는 바가 없으며, 일체 중생의 죽고

태어남을 알아서 장애하는 바가 없습니다.

　일체 중생의 지난 세상의 일을 알아서 장애하는 바가 없으며, 일체 중생의 미래 겁의 일을 알아서 장애하는 바가 없으며, 일체 중생의 현재 세상의 일을 알아서 장애하는 바가 없습니다.

　일체 중생의 말과 음성이 갖가지로 차별함을 알아서 장애하는 바가 없으며, 일체 중생의 있는 바 의문을 해결하여 장애하는 바가 없으며, 일체 중생의 모든 근을 알아서 장애하는 바가 없습니다.

일체 중생의 응당 교화를 받아야 할 때를 따라서 모두 능히 나아감에 장애하는 바가 없으며, 일체 찰나와 랍바와 모호율다와 낮과 밤의 시분을 알아서 장애하는 바가 없으며, 삼세바다에서 유전하는 차례를 알아서 장애하는 바가 없습니다.

능히 그 몸으로 시방의 일체 부처님 세계에 두루 가서 장애하는 바가 없습니다. 왜냐하면 머무름이 없고 지음이 없는 신통한 힘을 얻은 까닭입니다.

 선남자여, 나는 이 신통력을 얻은 까닭으로 허공 중에서 혹은 다니고 혹은 머무르며, 혹은 앉고 혹은 누우며, 혹은 숨고 혹은 나타나며, 혹은 한 몸을 나타내고 혹은 많은 몸을 나타냅니다.

 장벽을 뚫고 나가기를 마치 허공처럼 하며, 허공 중에서 결가부좌하여 가고 오는 것이 자재함이 마치 나는 새와 같으며, 땅에 들어감이 물과 같으며, 물을 밟기를 땅과 같이 합니다.

온몸의 위와 아래에서 연기와 불꽃을 널리 내는 것이 큰 불무더기 같으며, 혹 어떤 때는 일체 대지를 진동시키며, 혹 어떤 때는 손으로 해와 달을 어루만지며, 혹은 그 몸이 범궁까지 높이 이르름을 나타내며, 혹은 사르는 향구름을 나타내며, 혹은 보배 불꽃구름을 나타내며, 혹은 변화구름을 나타내며, 혹은 광명 그물구름을 나타내되, 모두 다 광대하며 시방을 두루 덮습니다.

　혹은 한 생각 동안에 동방으로 한 세계와 두 세계와 백 세계와 천 세계와 백천 세계와 내지 한량없는 세계와 내지 말할 수 없이 말할 수 없는 세계를 지나며, 혹은 염부제의 미진수 세계를 지납니다.

　혹은 말할 수 없이 말할 수 없는 부처님 세계 미진수의 세계를 지나서 그 일체 모든 부처님 국토의 부처님 세존 앞에서 설법을 듣되, 낱낱 부처님 처소에서 한량없는 부처님 세계 미진수의 차별한 몸을 나타내며, 낱낱 몸에 한량없는 부처님 세계 미진수의 공양구름을 비내립니다.

　이른바 일체 꽃구름과, 일체 향구름과, 일체 화만구름과, 일체 가루 향구름과, 일체 바르는 향구름과, 일체 일산구름과, 일체 옷구름과, 일체 당기구름과, 일체 번기구름과, 일체 휘장구름과, 일체 몸구름으로 공양올리고, 낱낱 여래의 있는 바 펴서 설하심을 내가 다 받아 지니고, 낱낱 국토의 있는 바 장엄을 내가 다 생각합니다.

 동방과 같이 남방과 서방과 북방과 네 간방과 상방과 하방도 또한 다시 이와 같습니다. 이와 같은 일체 모든 세계에 있는 중생들이 만약 내 형상을 보면 다 결정코 아뇩다라삼먁삼보리를 얻을 것입니다.

 저 모든 세계의 일체 중생을 내가 다 밝게 보고, 그 크고 작음과 수승하고 하열함과 괴롭고 즐거움을 따라 그 형상과 같음을 보여 교화하여 성취시킵니다.

만약 중생이 나를 친근하는 자가 있으면 모두 이와 같은 법문에 편안히 머무르게 될 것입니다.

선남자여, 나는 오직 이 널리 빠르게 모든 부처님께 공양올리고 중생들을 성취시키는 걸림 없는 해탈문만 알 뿐입니다.

저 모든 보살들은 대비 계와, 바라밀 계와, 대승 계와, 보살도와 서로 응하는 계와, 장애 없는 계와, 물러나지 않는 계와, 보리심을 버리지 않는 계와, 항상 부처님 법으로 반연할 바를 삼는 계와, 일체지에 항상 뜻을 두는 계와, 허공 같은 계와, 일체 세간에 의지할 바 없는 계와, 허물이 없는 계와, 손상함이 없는 계와, 모자람이 없는 계와, 잡됨이 없는 계와, 흐림이 없는 계와, 뉘우침이 없는 계와, 청정한 계와, 티끌을 여읜 계와, 때를 여읜 계를 지닙니다.

이와 같은 공덕을 내가 어떻게 능히 알며 능히 말하겠습니까?

선남자여, 여기서 남방에 나라가 있으니 이름이 '달리비다'이고, 도성의 이름은 '자재'이며, 그 가운데 사람이 있으니 이름이 '미가'입니다.

그대는 그에게 가서 '보살이 어떻게 보살행을 배우며 보살도를 닦습니까?'라고 물으십시오."

그때에 선재 동자가 그의 발에 정례하며 오른쪽으로 돌고 우러러보면서, 하직하고 물러갔다.

〈대방광불화엄경 제62권〉

회향송

아차보현수승행
무변승복개회향
보원침익제중생
속왕무량광불찰

시방삼세일체불
제존보살마하살
마하반야바라밀

廻向頌

我此普賢殊勝行
無邊勝福皆迴向
普願沈溺諸眾生
速往無量光佛剎

十方三世一切佛
諸尊菩薩摩訶薩
摩訶般若波羅蜜

大方廣佛華嚴經 — 부록

- 대방광불화엄경 목차

- 간행사

대방광불화엄경 목차

⟨제1회⟩

제1권	제1품	세주묘엄품 [1]
제2권	제1품	세주묘엄품 [2]
제3권	제1품	세주묘엄품 [3]
제4권	제1품	세주묘엄품 [4]
제5권	제1품	세주묘엄품 [5]
제6권	제2품	여래현상품
제7권	제3품	보현삼매품
	제4품	세계성취품
제8권	제5품	화장세계품 [1]
제9권	제5품	화장세계품 [2]
제10권	제5품	화장세계품 [3]
제11권	제6품	비로자나품

⟨제2회⟩

제12권	제7품	여래명호품
	제8품	사성제품
제13권	제9품	광명각품
	제10품	보살문명품
제14권	제11품	정행품
	제12품	현수품 [1]
제15권	제12품	현수품 [2]

⟨제3회⟩

제16권	제13품	승수미산정품
	제14품	수미정상게찬품
	제15품	십주품
제17권	제16품	범행품
	제17품	초발심공덕품
제18권	제18품	명법품

〈제4회〉

제19권　제19품　승야마천궁품
　　　　제20품　야마궁중게찬품
　　　　제21품　십행품 [1]
제20권　제21품　십행품 [2]
제21권　제22품　십무진장품

〈제5회〉

제22권　제23품　승도솔천궁품
제23권　제24품　도솔궁중게찬품
　　　　제25품　십회향품 [1]
제24권　제25품　십회향품 [2]
제25권　제25품　십회향품 [3]
제26권　제25품　십회향품 [4]
제27권　제25품　십회향품 [5]
제28권　제25품　십회향품 [6]
제29권　제25품　십회향품 [7]
제30권　제25품　십회향품 [8]
제31권　제25품　십회향품 [9]
제32권　제25품　십회향품 [10]
제33권　제25품　십회향품 [11]

〈제6회〉

제34권　제26품　십지품 [1]
제35권　제26품　십지품 [2]
제36권　제26품　십지품 [3]
제37권　제26품　십지품 [4]
제38권　제26품　십지품 [5]
제39권　제26품　십지품 [6]

〈제7회〉

제40권　제27품　십정품 [1]
제41권　제27품　십정품 [2]
제42권　제27품　십정품 [3]
제43권　제27품　십정품 [4]
제44권　제28품　십통품
　　　　제29품　십인품
제45권　제30품　아승지품
　　　　제31품　수량품
　　　　제32품　제보살주처품
제46권　제33품　불부사의법품 [1]
제47권　제33품　불부사의법품 [2]

제48권	제34품	여래십신상해품		제63권	제39품	입법계품 [4]
	제35품	여래수호광명공덕품		제64권	제39품	입법계품 [5]
제49권	제36품	보현행품		제65권	제39품	입법계품 [6]
제50권	제37품	여래출현품 [1]		제66권	제39품	입법계품 [7]
제51권	제37품	여래출현품 [2]		제67권	제39품	입법계품 [8]
제52권	제37품	여래출현품 [3]		제68권	제39품	입법계품 [9]

〈제8회〉

				제69권	제39품	입법계품 [10]
				제70권	제39품	입법계품 [11]
제53권	제38품	이세간품 [1]		제71권	제39품	입법계품 [12]
제54권	제38품	이세간품 [2]		제72권	제39품	입법계품 [13]
제55권	제38품	이세간품 [3]		제73권	제39품	입법계품 [14]
제56권	제38품	이세간품 [4]		제74권	제39품	입법계품 [15]
제57권	제38품	이세간품 [5]		제75권	제39품	입법계품 [16]
제58권	제38품	이세간품 [6]		제76권	제39품	입법계품 [17]
제59권	제38품	이세간품 [7]		제77권	제39품	입법계품 [18]
				제78권	제39품	입법계품 [19]

〈제9회〉

				제79권	제39품	입법계품 [20]
제60권	제39품	입법계품 [1]		제80권	제39품	입법계품 [21]
제61권	제39품	입법계품 [2]				
제62권	**제39품**	**입법계품 [3]**				

간 행 사

귀의삼보 하옵고,

『대방광불화엄경』의 수지 독송과 유통을 발원하면서 수미정사 불전연구원에서 『독송본 한문·한글역 대방광불화엄경』과 『사경본 한글역 대방광불화엄경』을 편찬하여 간행하게 되었습니다.

『화엄경』은 우리나라에 전래된 이래 일찍부터 사경되고 주석·강설되어 왔으며 근현대에 이르러서는 『화엄경』의 한글 번역과 연구도 부쩍 많이 이루어졌습니다. 그만큼 『화엄경』이 우리 불자님들의 신행과 해탈에 큰 의지처가 되었던 것임을 알 수 있습니다.

『화엄경』을 독송하고 사경하는 공덕은 설법 공덕과 함께 크게 강조되어 왔습니다. 그리하여 수미정사 불전연구원에서도 『화엄경』(80권)을 독송하고 사경하는 데 도움이 되도록 한문 원문과 한글역을 함께 수록한 독송본과 한글역의 사경본 『화엄경』 간행불사를 발원하였습니다. 이 『화엄경』 간행불사에 뜻을 같이하여 적극 후원해주신 스님들과 재가 불자님들께 깊이 감사드립니다. 또한 『화엄경』을 수지 독송할 수 있도록 경책의 모습으로 장엄해 주신 편집위원들과 담앤북스 출판사 관계자들께도 고마움을 표합니다.

끝으로 이 불사의 원만 회향으로 『화엄경』이 널리 유통되고, 온 법계에 부처님의 가피가 충만하시길 기원드립니다.

나무 대방광불화엄경

불기 2564년 '부처님오신날'을 봉축하며
수미해주 합장

위태천신(동진보살)

수미해주 須彌海住

호거산 운문사에서 성관 스님을 은사로 출가, 석암 대화상을 계사로 사미니계 수계, 월하 전계사를 계사로 비구니계 수계, 계룡산 동학사 전문강원 졸업, 동국대학교 불교대학 및 동 대학원 졸업, 철학박사, 가산지관 대종사에게서 전강, 동국대학교 불교대학 교수, 동학승가대학 학장 및 화엄학림 학림장, 중앙승가대학교 법인이사 역임.
(현) 수미정사 주지, 동국대학교 명예교수.
저·역서로『의상화엄사상사연구』,『화엄의 세계』,『정선 원효』,『정선 화엄1』,『정선 지눌』,『법계도기총수록』,『해주스님의 법성게 강설』등 다수.

사경본 한글역
대방광불화엄경 제62권

| 초판 1쇄 발행_ 2025년 12월 10일

| 엮 은 이_ 수미해주
| 엮 은 곳_ 수미정사 불전연구원
| 편집위원_ 해주 수정 경진 선초 정천 석도 박보람 최원섭
| 편 집 보_ 무이 무진 지욱 혜명

| 펴 낸 이_ 오세룡
| 펴 낸 곳_ 담앤북스
　　　　　서울특별시 종로구 새문안로3길 23 경희궁의 아침 4단지 805호
　　　　　대표전화 02)765-1251 전자우편 dhamenbooks@naver.com
　　　　　출판등록 제300-2011-115호
| ISBN_ 979-11-6201-577-3 04220

이 책은 저작권 법에 따라 보호받는 저작물이므로 무단전재와 복제를 금합니다.
이 책 내용의 전부 또는 일부를 이용하려면 반드시 저작권자와 담앤북스의 서면 동의를 받아야 합니다.

정가 10,000원
ⓒ 수미해주 2025